Te atiibu ae maiu. Antai ngai?

Te korokaraki iroun Timon Etuare
Te korotaamnei iroun Michael Magpantay

Library For All Ltd.

E boutokaaki karaoan te boki aio i aan ana reitaki ae tamaaroa te Tautaeka ni Kiribati ma te Tautaeka n Aotiteeria rinanon te Bootaki n Reirei. E boboto te reitaki aio i aon katamaaroaan te reirei ibukiia ataein Kiribati ni kabane.

E boreetiaki te boki aio iroun te Library for All rinanon ana mwane ni buoka te Tautaeka n Aotiteeria.

Te Library for All bon te rabwata ae aki karekemwane mai Aotiteeria ao e boboto ana mwakuri i aon kataabangakan te ataibwai bwa e na kona n reke irouia aomata ni kabane. Noora libraryforall.org

Te atiibu ae maiu. Antai ngai?

E moan boreetiaki 2022
E moan boreetiaki te katootoo aio n 2022

E boreetiaki iroun Library For All Ltd
Meeri: info@libraryforall.org
URL: libraryforall.org

Te korotaamnei iroun Michael Magpantay

Atuun te boki Te atiibu ae maiu. Antai ngai?
Aran te tia korokaraki Etuare, Timon
ISBN: 978-1-922910-55-4
SKU02369

Te atiibu ae maiu.
Antai ngai?

Ko kakoauaa ae a kona
ni maiu atiibu?

I mamaeka i taari n ai aron Nei Tengarengare, ao I kona naba ni maiu i aonteaba i nanon 24 te aoa.

I taraa n rangi ni mangori n ai aron te tiibu, ma I kona naba n rangi ni kakamaaku.

I kakaraurau ni uaua n ai aron
aotin taari, ma I bon rangi ni
baitii ngkana I kamwanea kanau.

I buraaun, aoranti, baabooboo
ao ni uraura. I bon rangi ni
mwaatai ni kona ni karabaa
aron taraakiu n ai aron te kiika.

Iai 13 korou n ai aron te ria,
ma bon tii ibukin kamanoakiu.

Iai au boitin n ai aron te naeta
ae kona n rangi ni kammarakiko,
ni karekea te kaangaanga ni
buroom ao n riaon am konaa
ngkana ko aki bwainnaorakiia.

Bon te kabanea ni boitin n atiibu ao n ika ngai. I aranaki bwa te NOU.

Kamanoko ni kaboonganai kaun taari ao n taraa raoi te tabo are ko na toua.

Aeaei waem i aantari n totokoa
ae ko na toua te nou.

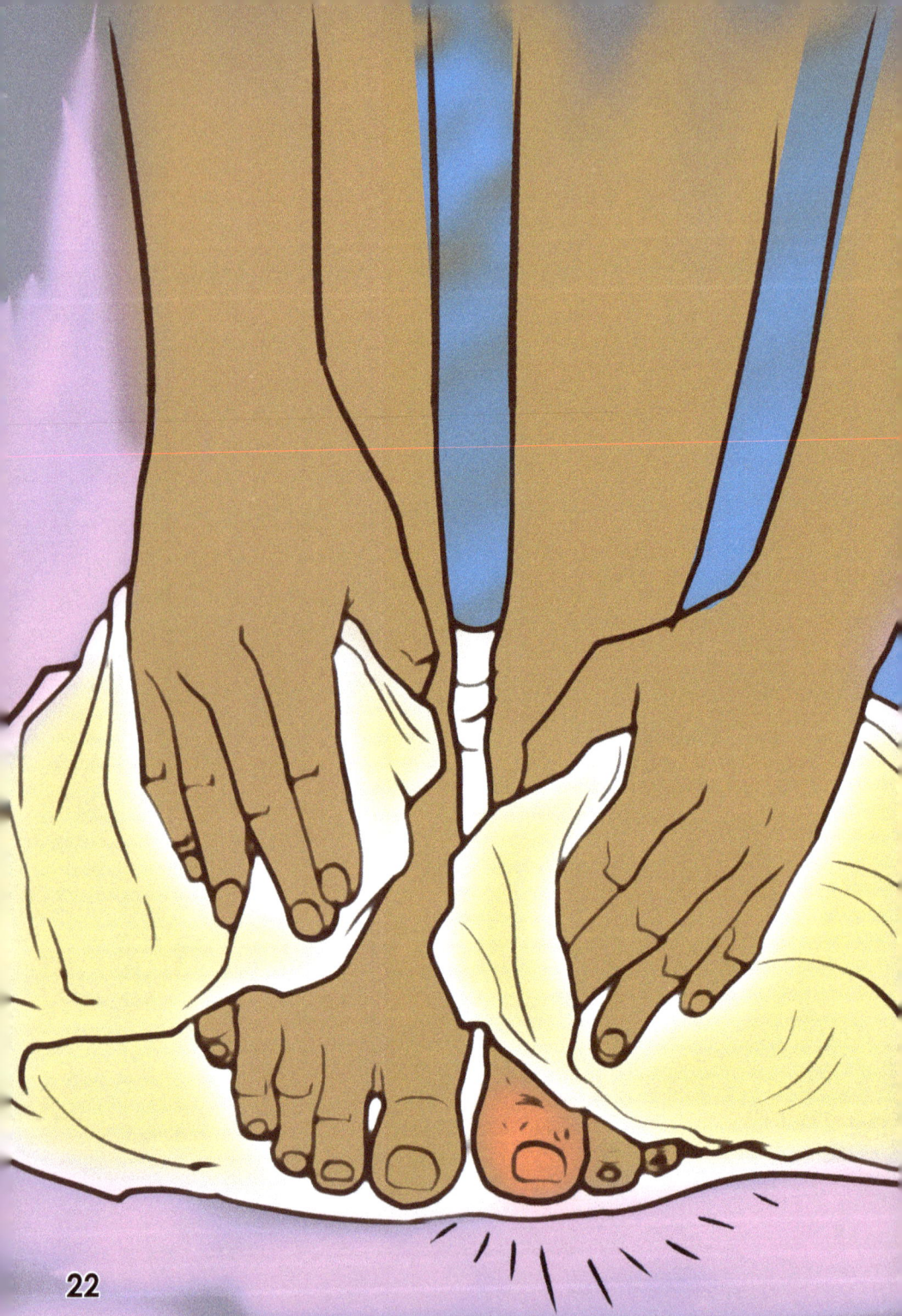

Ngkana ko kuba n toua, kaboonganaa te ran ae aabuee n tuubatuuia ni kanakoa marakina, ao kakaaea bwainnaorakiana.

Wakaan te non ae e kaitiakaki,
e kaaraki ao ni nneaki i nanon
te kunnikai. Renganna ma
tentim te bwaa, ao n tubatuuia
n te ran ae aabuee. E kona n
ibuobuoki aei i mwaain rokom
n te oonnaoraki.

Ko kona ni kaboonganai titiraki aikai ni maroorooakina te boki aio ma am utuu, raoraom ao taan reirei.

Teraa ae ko reiakinna man te boki aio?

Kabwarabwaraa te boki aio.
E kaakamanga? E kakamaaku?
E kaunga? E kakaongoraa?

Teraa am namakin i mwiin warekan te boki aio?

Teraa maamaten nanom man te boki aei?

Karina ara burokuraem ni wareware
getlibraryforall.org

Rongorongon te tia korokaraki

E bungiaki Timon Etuare i aon South Tarawa ao e bon maamaeka naba iai. E taatangiria n warekii karakin Kiribati n ikawai, ao karaki naba mai Greece. E taatangiria naba ni karaoi bon oin ana kakaraoi, ao karakinii ke n ongoongoraa nakon karaki aika kaakamanga.

Ko kukurei n te boki aei?

Iai ara karaki aika a tia ni baarongaaki aika a kona n rineaki.

Ti mwakuri n ikarekebai ma taan korokaraki, taan kareirei, taan rabakau n te katei, te tautaeka ao ai rabwata aika aki irekereke ma te tautaeka n uarokoa kakukurein te wareware nakoia ataei n taabo ni kabane.

Ko ataia?

E rikirake ara ibuobuoki n te aonnaaba n itera aikai man irakin ana kouru te United Nations ibukin te Sustainable Development.

libraryforall.org

www.ingramcontent.com/pod-product-compliance
Lightning Source LLC
Chambersburg PA
CBHW040323050426

42452CB00034B/2863